ARLEQUIN EN GAGE,

OU

GILLE USURIER,

COMÉDIE-VAUDEVILLE

EN UN ACTE.

Par MARTAINVILLE,

Auteur de *Un, deux, trois, quatre*, la *Banqueroute du Savetier*, l'*Intrigue de carrefour*, etc.

Représentée sur le théâtre des Jeunes-Elèves, rue de Thionville.

A PARIS,

Chez BARBA, Libraire, Palais du Tribunat, galerie derrière le Théâtre Français de la République, n°. 51.

AN X. (1802.)

PERSONNAGES.	ACTEURS.
CASSANDRE.	*Warin.*
COLOMBINE, sa fille.	Mlle *Voyez.*
ARLEQUIN, peintre, amant de Colombine.	*Angot.*
GILLE, usurier, rival d'Arlequin.	*Charretier.*
UN POËTE.	*Despré.*

La scène est double.

La première chambre, qui doit être la plus grande, est un bureau de prêt. Il y a un bureau et une grande armoire.

La seconde chambre est l'attelier d'un peintre; des chevalets, des palettes, des ébauches, plusieurs tableaux, un entre autres couvert d'un rideau. Une entrée dans chaque chambre.

Nota. Les Directeurs des départemens sont prévenus que j'ai cédé au citoyen Barba mes droits sur toutes mes pièces imprimés jusqu'à ce jour, et que lui seul en est propriétaire. Paris, ce 10 germinal, an 10.   MARTAINVILLE.

ARLEQUIN EN GAGE,

OU

GILLE USURIER.

SCENE PREMIERE.

ARLEQUIN *est dans sa chambre, retouchant quelques tableaux.* GILLE, *dans la sienne, écrivant et comptant de l'argent.*

ARLEQUIN.

Travaillons...

GILLE.

Comptons...

ARLEQUIN.

Que de peines !

GILLE.

Que d'argent !

ARLEQUIN.

Et sans espoir de rien gagner.

GILLE.

Et sans crainte de rien perdre.

DUO. (du plan d'Opéra.)

ARLEQUIN.	GILLE.
Ah ! dans ce siècle le talent Est un bien frivole avantage ;	
	Est-il commerce plus charma Que celui de prêter sur gage ?
Jamais le génie et l'argent N'habitent le même ménage.	
	On peut centupler son argent, On ne craint ni vents, ni naufrage.

Ensemble.

Sans gloire et sans gain travailler, Ah ! mon dieu, mon dieu, le maudit métier !	Par ses mains on sait se payer, Ah ! mon dieu, mon dieu, le joli métier !

ARLEQUIN.

ARLEQUIN. / GILLE.

Envain je prends bien de la peine; / Mon état, sans aucune peine,
Toujours la fortune inhumaine. *bis.* / Droit à la fortune me mène.
Se montre rébelle à mes vœux. / Tout réussit selon mes vœux.

Ensemble.

Dans son courroux, le sort sévère / Du sort toujours prompt à me plaire
Contre moi toujours persévère ; / La faveur pour moi persévère.
 Ciel, que faire, / Je sais faire
 Ma misère / Mainte affaire,
 Me désespère. *bis.* / Avec mystère. *bis.*

Plus on se plaint de la misère,
Plus je dois me trouver heureux;
Chaque jour, l'ame satisfaite,
En comptant mon or je répète :

Ensemble.

Ah! dans ce siècle, le talent / Est-il commerce plus charmant,
Est un bien frivole avantage ; / Que celui de prêter sur gage ?
Jamais le génie et l'argent / On peut centupler son argent,
N'habitent le même ménage ; / On ne craint ni vents, ni naufrage ;
Sans gloire et sans gain travailler, / Par ses mains on sait se payer,
Ah! mon dieu, mon dieu, le maudit métier, / Ah! mon dieu, mon dieu, le joli métier,
 Le maudit métier, / Le joli métier,
 Le maudit métier ! / Le joli métier !

ARLEQUIN.

Mon voisin Gille roule sur l'or...

GILLE.

Mon voisin Arlequin meurt de faim.

ARLEQUIN.

C'est un usurier.

GILLE.

C'est un artiste.

ARLEQUIN.

La cruelle chose que la misère...

GILLE.

La belle chose que l'argent !

ARLEQUIN.

Elle abat le génie...

GILLE.

Il vous gonfle l'ame !

ARLEQUIN.

Elle tue le talent.

GILLE.

Il fait briller la sottise.

EN GAGE. 5

ARLEQUIN.

Jadis j'étais à mon aise !

GILLE.

Naguère, j'étais sans le sol...

ARLEQUIN.

Mes ouvrages se ressentaient du libre élan de mon génie.

GILLE.

Mettons mes comptes en ordre.

ARLEQUIN.

Aujourd'hui, mon pinceau est sans chaleur, mes idées sans énergie, mon imagination est vuide comme ma bourse.

Air : *j'ignore quelle est ma naissance.* (de Pauline.)

Chauds alimens du vrai génie,
Bonne chère et vin pétillant,
Loin de ma demeure appauvrie,
Avec vous a fui mon talent.
Comment des Bacchus, des Silènes
Peindrai-je le joyeux troupeau,
Quand, dans mes languissantes veines,
Il ne circule que de l'eau ?

Essayons pourtant de terminer un de ces tableaux. (*il travaille à plusieurs tableaux et les quitte avec dégoût.*)

GILLE.

Diable ! ce mois-ci a été très-bon ; intérêts à douze pour cent, et mon argent renouvellé trois fois : trois fois douze, trente-six ; c'est charmant.

Air : De *la p'tit' poste de Paris.*

J'ai bien retiré l'intérêt,
Et l'intérêt de l'intérêt,
On peut, à semblable intérêt,
Prendre le plus vif intérêt ;
Mon travail sur cet intérêt
N'est vraiment pas sans intérêt.

ARLEQUIN.

Laissons ce travail insipide. Retouchons au portrait de ma Colombine ; ce n'est qu'en travaillant à ce tableau que je retrouve quelques étincelles de mon génie ; mais je crains bien que le talent du peintre ne soit au-dessous de la beauté du sujet.

ARLEQUIN

Air : *Mon père était pot.*

Mon pinceau ne pourra jamais
Bien rendre ton visage ;
Je crains d'affoiblir tes attraits
En traçant ton image ;
Mais de chacun d'eux
Mon cœur amoureux
Garde la douce empreinte.
Là tes yeux sont peints,
Là tes traits sont peints,
Là ta figure est peinte.

GILLE.

Voilà mes comptes à peu près en règle, songeons à ce qui nous reste à faire. C'est aujourd'hui qu'Arlequin, mon locataire, déménage et me cède cette chambre ; je lui donne celle qui est ici dessus, j'ai absolument besoin de la sienne. Ce bureau est trop petit pour tous les effets qu'on m'apporte. Il faut convenir que c'est bien à tort qu'on déclame contre notre profession, car nous rendons service à bien du monde. On nous peint comme des monstres !

ARLEQUIN, *peignant.*

Les traits sont bien saisis.

GILLE.

Cependant, entre un prêteur sur gage et un fripon...

ARLEQUIN.

La ressemblance est parfaite.

GILLE.

Au reste, laissons parler la médisance, et vengeons-nous en faisant fortune.

Air : *Du vaud. du Mur mitoyen.*

Oui, je dois redoubler d'effort,
Pour arriver à l'opulence ;
On n'entend plus la médisance,
Sitôt qu'on entend sonner l'or.
Cette maxime est en usage,
Les parvenus conviennent tous.
Que le *bien* qu'on a dédommage
Du *mal* que chacun dit de vous.

ARLEQUIN.

Voilà tout son portrait... Comme elle est jolie... Et c'est

faute de quelques misérables pistoles que je ne suis pas encore son époux.

GILLE

C'est aujourd'hui qu'écheoit le billet que m'a fait M. Cassandre, pour les dix-huit cents francs que je lui ai prêtés.

ARLEQUIN.

Loin d'avoir quelques épargnes pour me mettre en ménage, tous mes effets sont en gage chez ce coquin de Gille, qui, de plus, s'avise d'être mon rival.

GILLE.

Il faudra bien qu'il me paye, ou... Ah! nous verrons, mademoiselle Colombine, si vous rejetterez encore mes vœux... vous serez ma femme... Mais ne fais-je pas une folie? monsieur Cassandre est mon débiteur, et décemment je ne pourrai poursuivre mon beau-père; la passion ne calcule pas, et j'aime; non, vrai, j'aime... Avertissons Arlequin de déménager. (*il frappe.*) M. Arlequin!

ARLEQUIN.

Qui vient me troubler?

GILLE.

Ouvrez, c'est moi, j'ai à vous parler.

ARLEQUIN.

Tout à l'heure. Cachons ce portrait à ses regards. (*il le couvre.*) Oui, mademoiselle, je suis jaloux, vous ne verrez pas monsieur Gille.

Air : *Réveillez-vous.*

Un rival que ton cœur condamne,
Ne doit pas fixer ta beauté;
Je veux, au regard d'un profane,
Dérober ma divinité. *bis.*

SCENE II.

ARLEQUIN, GILLE, *chez Arlequin.*

ARLEQUIN.

Que me voulez-vous?

GILLE.

Toujours à travailler.

ARLEQUIN.

Oui.

GILLE.

Au portrait de Colombine...

ARLEQUIN.

Que vous importe ?

GILLE.

Il m'importe beaucoup !

ARLEQUIN.

Comment ?

GILLE.

Je gage que c'est une galanterie de votre part, et que vous m'offrirez ce portrait-là pour mon présent de noce.

ARLEQUIN.

Avec qui ?

GILLE.

Avec Colombine.

ARLEQUIN.

Vous ?

GILLE.

Moi.

ARLEQUIN.

Est-ce là tout ce que vous avez à me dire ?

GILLE.

Non, je venais vous rappeller que nous sommes convenus que vous déménageriez aujourd'hui.

ARLEQUIN.

Sangodémi, je le sais bien.

GILLE.

Ne vous fâchez pas, monsieur Arlequin ; je ne vous en parle qu'afin que vous ayez tout le tems nécessaire...

ARLEQUIN.

Grand merci ; cette opération ne sera pas longue, grace à vous.

GILLE.

Dites grace à votre état.

Air : *Nous sommes précepteurs d'amour.*

Je vous ai prévenu trop tôt
Qu'il vous fallait plier bagage ;
Un quart-d'heure est plus qu'il ne faut
Pour un peintre qui déménage,

ARLEQUIN.

Vous croyez ça, monsieur Gille ; c'est que les peintres, comme moi, ne ressemblent pas à bien des gens ; ils ne déménagent que leur ménage.

Air: *Du vaud. de la Liberté des Costumes.*

> Tel qui déménage avec bruit,
> N'a rien à lui dans son ménage ;
> A son bien, s'il était réduit,
> Il n'aurait qu'un mince équipage.
> Hélas ! on voit impunément
> Du vol beaucoup d'heureux apôtres,
> Qui, toujours en déménageant,
> Déménagent le bien des autres.

GILLE.

J'espère, monsieur que vous ne dites pas cela pour moi.

ARLEQUIN.

Qui est-ce qui vous parle à vous ?

Air : *Il n'est qu'un pas du mal au bien.*

> Lorsque le miroir lui retrace
> Tout son visage, trait pour trait,
> Si l'homme laid se trouve laid,
> Est-ce la faute de la glace ?
> Quand on trace un hideux portrait,
> Tant pis pour qui s'y reconnaît.

Attrape.

GILLE.

C'est que Gille se flatte d'être un honnête homme.

ARLEQUIN.

Gille se flatte.

GILLE.

Ne parlons plus de ça.

ARLEQUIN.

Ne parlons de rien.

GILLE.

Si fait, si fait, de mademoiselle Colombine ; justement la voici avec son père.

ARLEQUIN.

Elle vient prendre séance pour son portrait ; encore un moment de bonheur.

(*Gille va au-devant d'eux et les retient dans sa chambre.*)

SCENE III.

LES PRÉCÉDENS, CASSANDRE, COLOMBINE.

GILLE.

Bon jour, M. Cassandre, comment se porte mademoiselle Colombine ?

CASSANDRE.

Nous nous portons à merveille, M. Gille.

GILLE, *d'un ton galant.*

Mademoiselle Colombine embellit tous les jours.

CASSANDRE.

Je viens pour vous parler de mon billet.

GILLE.

Elle a le plus joli minois...

CASSANDRE.

Il est échu.

GILLE.

Son minois ?

CASSANDRE.

Eh non, mon billet.

GILLE.

Oh ! oui ; à propos, ce n'est pas que j'y pense, mais je le disais tout à l'heure.

ARLEQUIN, *sur la porte.*

Colombine, st, st, st.

COLOMBINE.

Je t'entends. (*Pendant que Gille et Cassandre se parlent, Colombine entre chez Arlequin ; ils se font des caresses.*)

CASSANDRE.

Je viens vous proposer de prendre avec moi quelques arrangemens.

GILLE.

Les quels ?

CASSANDRE.

Je suis maintenant dans l'impossibilité d'acquitter cette dette.

GILLE.

Diable ! (*à part.*) J'en étais bien sûr.

CASSANDRE.

J'espère, mon cher Gille, que vous ne refuserez pas de m'accorder du tems.

GILLE.

Dame, c'est qu'aujourd'hui l'argent est si rare?

CASSANDRE.

C'est ce que j'allais vous dire.

GILLE.

C'est ce que je dis, moi.

CASSANDRE.

C'est ce que dit tout le monde.

GILLE.

Et vous sentez bien que chacun a besoin du sien.

CASSANDRE.

A l'impossible nul n'est tenu.

GILLE.

Ecoutez-moi. Il y aurait bien une manière d'arranger tout cela ; vous savez que je vous ai obligé bien galamment.

CASSANDRE, *à part.*

Quelle galanterie !

GILLE.

Vous n'ignorez pas combien j'ai pris d'intérêt...

CASSANDRE.

Oh ! je sais combien vous avez pris d'intérêt.

GILLE.

Ne parlons pas de ça ; j'ai fait mon devoir.

CASSANDRE, *à part.*

Dis plutôt ton métier.

GILLE.

Vous pourriez me payer en bien jolie monnaie.

CASSANDRE.

Je n'ai pas un écu.

GILLE.

Mais ce n'est pas de la monnaie monnayée.

CASSANDRE.

Quel galimathias.

ARLEQUIN

GILLE.

Air : *Accompagné de plusieurs autres.*

Je vais m'expliquer clairement
Pour l'intérêt de mon argent,
Il faut m'accorder votre fille ;
En échange d'un tel présent,
Moi, je vous laisse mon argent
Pour l'intérêt de votre fille.

CASSANDRE.

Il faut savoir si ma fille consent...

GILLE.

Allons, mademoiselle, dites-nous si... (*il se retourne et ne la voit pas.*) Eh bien, où êtes vous donc ?

CASSANDRE.

Colombine !

COLOMBINE.

Plait-il, mon père ? (*Arlequin la place comme pour finir son portrait.*)

CASSANDRE.

Elle est chez Arlequin ; c'est un honnête garçon.

GILLE.

Oui, et bien callé : ai-je votre parole ?

CASSANDRE.

Je vais parler à ma fille.

GILLE.

Parlez-lui, et quand vous lui aurez parlé, je lui parlerai.
(*Ils entrent chez Arlequin.*)

ARLEQUIN.

Vous voyez, papa Cassandre, j'achève le portrait de Colombine.

CASSANDRE, *mettant ses lunettes.*

Diable ! mais il est très-ressemblant.

ARLEQUIN.

J'aurais pu le faire plus ressemblant encore.

CASSANDRE.

Comment donc ça ?

ARLEQUIN.

Je n'avais qu'à peindre mon cœur.

CASSANDRE.

C'est très-galant.

GILLE.

Voyez-vous qu'il l'aime.

CASSANDRE.

Pendant que ma fille achèvera de prendre sa séance, je vais ici près dans une maison où j'ai l'espoir de toucher quelque argent ; si j'en reçois, il est pour vous.

GILLE.

Que ça ne vous gêne pas.

COLOMBINE.

Vous nous quittez, mon père ?

CASSANDRE.

Je serai bientôt de retour.

GILLE, *à Colombine.*

Ah ! mademoiselle, n'ayez pas peur de vous ennuyer, je resterai là, moi. (*à Cassandre.*) Eh bien, vous ne lui parlez donc pas ?

CASSANDRE, *sortant.*

Tout à l'heure.

SCENE IV.
GILLE, ARLEQUIN, COLOMBINE.

GILLE, *à part.*

Tâchons d'éloigner Arlequin. (*à Arlequin.*) M. Arlequin, pensez-vous à votre déménagement ?

ARLEQUIN.

C'est bon, c'est bon ; voulez-vous que je laisse mademoiselle seule ?

GILLE.

Est-ce qu'elle serait seule avec moi ?

COLOMBINE.

Ah ! je vous en prie, M. Arlequin, ne m'exposez pas au danger d'un tête-à-tête avec M. Gille... Mais de quel déménagement parlez-vous ?

ARLEQUIN.

Du mien.

GILLE.

Du sien.

COLOMBINE.

Du vôtre ?

ARLEQUIN.

Oui, monsieur Gille trouve que pour un peintre je ne suis pas logé assez haut; et il me destine, ici dessus, un petit appartement d'artiste.

GILLE.

Non ; c'est que cette chambre m'est absolument nécessaire.

COLOMBINE.

Dites-moi donc, mon cher Arlequin...

GILLE, *à part.*

Son cher Arlequin.

COLOMBINE.

Dites-moi pourquoi les peintres, les poètes, enfin tous les artistes sont presque toujours logés précisément au-dessous des toits ?

GILLE, *ironiquement*

C'est par économie.

ARLEQUIN.

Non, monsieur Gille, c'est par orgueil.

COLOMBINE.

Par orgueil !

GILLE.

Celui-là est fort.

ARLEQUIN.

Air : *vaud. de la Fille en Loterie.*

> L'artiste qui sent ce qu'il vaut,
> Dédaigne la commune sphère ;
> Et dans un logement bien haut,
> Il plane au-dessus du vulgaire ;
> L'homme à talens au rang des dieux,
> Doit s'élever par son génie ;
> Plus l'artiste est voisin des cieux,
> Plus il est près de sa patrie.

GILLE.

On peut justement s'écrier :
« Aux artistes bien nés que la patrie est chère. »

COLOMBINE.

Comment, monsieur Gille, vous profiteriez de la fâcheuse situation d'Arlequin pour lui faire quitter son logement ;

cette action ne me donnerait pas de vous une bien bonne idée.

ARLEQUIN.

Vous avez tort, mademoiselle, ce n'est que pour mon bien.

COLOMBINE.

Comment, pour votre bien ?

GILLE, *embarrassé.*

Ah! mon dieu oui, mademoiselle.

ARLEQUIN.

Sans doute, c'est une manière délicate de me tirer de la gêne où je suis.

Air : *Du vaud. des deux Veuves.*

Gille qui ne veut que mon bien,
A chez lui mes effets pour cause ;
Et tout juste au-dessus du sien
Est le logis qu'il me propose :
Oui, dès que je vais l'habiter,
Mon sort sera des plus prospères ;
Là-haut je pourrai me vanter
D'être au-dessus de mes affaires. *bis.*

GILLE.

Monsieur Arlequin a une philosophie charmante, il voit tout en beau.

ARLEQUIN.

Il faudrait que je ne vous regardasse jamais.

GILLE.

Toujours de l'esprit ; en vérité, vous méritez un autre sort que le vôtre.

ARLEQUIN.

Et vous aussi, monsieur Gille.

GILLE.

Ce n'est pas honnête ce que vous me dites là ; vous que j'ai si souvent obligé...

ARLEQUIN.

A porter toujours le même habit.

GILLE.

Je ne vous aurais pas cru ingrat.

ARLEQUIN.

Ah! monsieur Gille, comment est-il possible que je le sois avec vous ?

Air : *Nous sommes précepteurs d'amour.*

>Sur mes effets il vous fut doux,
>De me prêter... votre assistance ;
>Ah ! monsieur Gille, grace à vous,
>J'ai beaucoup de reconnaissance.

J'en ai plein mon porte-feuille.

COLOMBINE.

Monsieur Arlequin, cette conversation n'avance pas mon portrait.

GILLE.

Mademoiselle a raison ; j'ai d'ailleurs à vous entretenir d'un objet dont monsieur votre père doit aussi vous parler.

COLOMBINE.

J'ignore...

GILLE.

Ah ! mademoiselle, c'est auprès de vous que je me suis apperçu, pour la première fois, que j'avais un cœur.

COLOMBINE, *riant.*

Quoi ! vous en aviez douté jusques-là !

ARLEQUIN.

Il n'en est pas même bien sûr à présent.

GILLE.

Et ce tendre cœur...

ARLEQUIN.

Mademoiselle veut-elle achever de prendre sa séance ?

COLOMBINE.

Très-volontiers.

GILLE.

Cela ne me privera pas du plaisir de vous parler.

COLOMBINE.

Pourvu que cela ne gêne pas le peintre.

ARLEQUIN, *haut.*

Cela ne gênera pas du tout le peintre, (*bas.*) mais ça gênera beaucoup l'amant.

COLOMBINE, *s'asseyant.*

Suis-je bien comme cela ?

ARLEQUIN, *il peint.*

Très-bien pour l'instant ; d'ailleurs je vous indiquerai les positions.

EN GAGE.

GILLE.

Jeune et jolie comme vous l'êtes, n'avez-vous jamais pensé au mariage ?

COLOMBINE.

Eh mais...

GILLE.

Répondez-moi franchement.

COLOMBINE.

Air : *Du duo du jeu dans Santeuil.*

Un époux jeune, amoureux,
 Fidèle à son amie,
Rendrait l'hymen, à mes yeux,
Un sort digne d'envie.

GILLE.

De vous plaire je serais flatté.

ARLEQUIN.

Bon, tournez les yeux de mon côté.

GILLE.

De ma main et de ma foi,
 Que l'hommage vous touche,
D'un mot encouragez-moi.

ARLEQUIN.

Ah ! n'ouvrez pas la bouche.

GILLE.

Je suis généreux,
Bon, franc, et point irascible ;
 Pour les malheureux
 Je suis sensible ;
Joignez à ça le plus vif amour.

ARLEQUIN, *dérangeant son chevalet.*

Ce portrait est mis dans un faux jour.

GILLE.

Sans venir, d'un ton flatteur,
Vous conter des fadaises,
J'ai peint mon esprit, mon cœur.

ARLEQUIN.

Les couleurs sont mauvaises.

GILLE.

Eh bien, mademoiselle, que dois-je espérer ?

COLOMBINE.

Monsieur...

ARLEQUIN, *à part.*

Que va-t-elle lui dire ?

C

ARLEQUIN.

COLOMBINE.

Je dépends de mon père.

GILLE.

Aussi n'est-ce que de son aveu que je me présente.

ARLEQUIN.

Serait-il possible ?

COLOMBINE.

Quoi ! mon père !...

GILLE.

Justement je l'entends ; vous verrez que ses vœux sont d'accord avec les miens.

SCENE V.

LES PRÉCÉDENS, CASSANDRE.

GILLE.

Déjà de retour, monsieur Cassandre ?

CASSANDRE.

Oui, et après une course inutile.

GILLE, *à part.*

Tant mieux ; il faudra qu'il vienne où je l'attends. (*haut.*) J'ai déjà préparé les voies.

CASSANDRE.

Que voulez-vous dire ?

GILLE.

J'ai risqué ma déclaration.

CASSANDRE.

Eh bien !

GILLE.

Vous n'avez plus qu'à notifier vos volontés.

CASSANDRE.

Laissez-moi la liberté d'entretenir un moment ma fille et Arlequin ; il s'est toujours bien conduit avec nous, et je lui dois des égards.

GILLE.

Je vous laisse ; monsieur Arlequin, je vais voir si tout est prêt dans votre nouveau domicile. Adieu, mademoiselle Colombine, adieu, mon ami Arlequin ; vous ne m'en voulez pas, au moins ? (*Il sort.*)

SCENE VI.
ARLEQUIN, COLOMBINE, CASSANDRE.

ARLEQUIN.

Il sort d'un air bien triomphant.

COLOMBINE.

Qu'avez-vous, mon père ? vous paraissez embarrassé.

CASSANDRE.

Effectivement, je ne sais comment entamer la conversation que je veux avoir avec vous.

ARLEQUIN.

Entamez, papa Cassandre, entamez.

CASSANDRE.

Tu sais, ma fille, que je n'ai jamais voulu que ton bonheur ; je croyais pouvoir te faire le plus doux de tous les présens, un époux de ton choix, et je me félicitais de la préférence que tu avais accordée à Arlequin.

COLOMBINE.

Eh bien, mon père ?

CASSANDRE.

La nécessité m'impose d'autres lois.

ARLEQUIN.

Quoi ! M. Cassandre !

CASSANDRE.

Tu n'as rien, mon cher Arlequin, et je ne puis rien donner à ma fille.

ARLEQUIN.

Nous avons tout, notre amour et mon talent.

CASSANDRE.

Ces deux trésors-là n'empêchent pas de mourir de faim : cependant, l'espoir de voir naître bientôt des tems plus heureux m'aurait fait consentir à votre union ; mais Gille, à qui je dois dix-huit cents livres que je ne peux lui payer, me demande la main de Colombine ; il peut me poursuivre, me perdre, et vous sentez combien je dois le ménager.

COLOMBINE.

Ainsi vous sacrifiez votre fille...

ARLEQUIN.

Je ne croyais pas pouvoir devenir plus malheureux ; il me manquait ce dernier coup.

CASSANDRE.

Mon pauvre Arlequin, tu me saignes le cœur.

ARLEQUIN, *avec force*.

Non, Gille n'est pas encore son époux.

COLOMBINE.

Il le sera.

ARLEQUIN, *très-vivement*.

Jamais !... monsieur Cassandre, je vous quitte avec lui, j'épouse Colombine ; j'ai encore des amis, je veux.... je dois... je saurai...

CASSANDRE.

Il extravague.

ARLEQUIN.

Suivez-moi, sortons, vous saurez tout.

COLOMBINE.

Mais encore...

ARLEQUIN.

Sortons.

CASSANDRE.

Explique-toi.

ARLEQUIN.

Sortons, vous dis-je. (*il les entraîne.*)

SCENE VII.

LES PRÉCÉDENS, GILLE, *rentrant dans la chambre d'Arlequin.*

GILLE.

Eh bien ! où courez-vous donc ?

CASSANDRE.

Je l'ignore.

COLOMBINE.

Loin de vous.

ARLEQUIN.

Au boheur. (*ils sortent.*)

SCENE VIII.

GILLE, seul.

Ils sont fous.... Où diable Arlequin les entraîne-t-il! Ah! il a beau faire, je les tiens. M. Cassandre cherchera long-tems avant de trouver dix-huit cents francs : la peur du père me tiendra lieu de l'amour de la fille, et une fois ma femme, mademoiselle Colombine m'aimera, j'en suis sûr. Il y a des gens qui gagnent à être connus ; au fait, je ne vois pas pourquoi elle me préfère Arlequin ; qu'a-t-il pour plaire ? il y a de lui à moi une différence comme du noir au blanc : mon habit de Gille peut-être lui déplait ; eh bien, qu'à cela ne tienne, je le quitterai ; je ne serai pas le premier Gille qui aura jeté le froc aux orties.

Air : *Du vaud. d'Arlequin Afficheur.*

    Combien de gilles en crédit,
    Se croyant des gens fort habiles,
    De Gilles ont quités l'habit,
    Et n'en paraissent que plus Gilles.
    En France, l'on verrait vraiment,
    Bien des habits de cette forme,
    Si tous ceux de mon régiment
        En portaient l'uniforme.

Je suis fâché de ne pas avoir suivi monsieur Cassandre et sa fille ; mais cela m'était impossible, voici l'heure où les emprunteurs commencent à venir. Justement j'en apperçois un. (*allant à sa chambre.*).

SCENE IX.

GILLE, UN POÈTE, *ayant plusieurs rouleaux de papiers.*

LE POÈTE.

Monsieur, je vous salue.

GILLE.

Votre serviteur, monsieur, que désirez-vous ?

LE POÈTE.

La nécessité me contraint à avoir recours à vous.

GILLE.

Monsieur, je suis toujours prêt à rendre service.

LE POÈTE.

Je viens vous emprunter une légère somme sur un effet de la plus grande valeur.

GILLE.

Une pareille affaire ne doit éprouver aucune difficulté; quel est cet effet?

LE POÈTE.

Ce qu'il est possible d'imaginer de plus précieux.

GILLE.

De l'argenterie?

LE POÈTE.

Fi donc!

GILLE.

De l'or?

LE POÈTE.

Fi!

GILLE.

Des diamans?

LE POÈTE.

Fi, vous dis-je.

GILLE.

Ma foi je m'y perds.

LE POÈTE.

De vils métaux peuvent-ils être comparés aux sublimes productions du génie.

GILLE.

Je commence à entrevoir... monsieur est poète.

LE POÈTE.

Tragique, monsieur, tragique.

GILLE.

Tragique vous-même; vous avez choisi un mauvais genre.

LE POÈTE.

Comment?

GILLE.

Il n'est plus à la mode.

LE POÈTE.

Il est vrai qu'on ne brûle plus guère d'encens sur les autels de Melpomène; les jours de son triomphe sont éclipsés.

Air : *De la parole.*

Jadis comme un cèdre orgueilleux,
On voyait l'arbre de sa gloire,
Sur ses rivales, jusqu'aux cieux,
Aller annoncer sa victoire.
Cet arbre dépouillé, flétri,
Vers la terre à présent s'incline.

GILLE.

C'est envain qu'il cherche un appui,
Par malheur, mon cher, aujourd'hui,
Cet arbre n'a plus (*bis*.) de Racine. *bis.*

Mais, revenons à votre sujet : quel est cet objet précieux que vous êtes déterminé à mettre en gage ?

LE POÈTE.

Une tragédie de quatorze mille vers, tous plus beaux les uns que les autres.

GILLE.

Quatorze mille vers ! diable ! il me paraît que vous les faites au mille ; quelle honte pour ceux qui ne les font qu'à la douzaine.

LE POÈTE.

Et sur un pareil trésor, je ne vous demande que cent écus.

GILLE.

C'est pour rien ; ce n'est pas un louis par mille vers.

LE POÈTE.

Eh bien, cette affaire ?

GILLE.

Est impossible.

LE POÈTE.

Impossible !

GILLE.

Qui viendrait jamais retirer un pareil effet ?

LE POÈTE.

La postérité !

GILLE.

Mais la postérité ne pourrait le retirer qu'à ma postérité, et je travaille pour moi.

LE POÈTE.

Peut-on ainsi décourager le plus beau des arts ; vous n'aimez donc pas le spectacle ?

ARLEQUIN

GILLE.

Tous les jours je jouis du plus beau qu'on puisse voir.

LE POÈTE.

De celui où l'on joue mes pièces.

GILLE.

Sans sortir de chez moi.

LE POÈTE.

Comment se peut-il ?

GILLE.

Je m'enferme dans mon cabinet.

LE POÈTE.

Eh bien ?

GILLE.

Air : *Daignez m'épargner le reste.*

J'ouvre mon coffre, ah ! quel rideau
Se lève avec plus de vîtesse ;
De pièces je vois un monceau,
Au lieu qu'au théâtre.
Je ne vois souvent qu'une pièce.

LE POÈTE.

Enfin las d'admirer votre or...

GILLE.

Un drame lasse davantage...

LE POÈTE.

Vous dormez sur votre trésor...

GILLE.

Sur un tel lit, mon cher, on dort
Beaucoup moins qu'à maint ouvrage. *bis.*

LE POÈTE.

De l'épigramme ; je vois que vous me refusez.

GILLE.

Avec douleur !

LE POÈTE.

Absolument ?

GILLE.

Absolument.

LE POÈTE.

Aimez-vous mieux un poëme épique ?

GILLE.

Ça n'a pas cours.

LE POÈTE.

Des odes, des traductions, des...

GILLE.

Viande creuse que tout cela.

LE POÈTE.

C'est votre dernier mot?

GILLE.

Décidément.

LE POÈTE.

Eh bien! craignez ma vengeance.

GILLE.

Que ferez-vous?

LE POÈTE.

Ce que je ferai?

GILLE.

Oui.

LE POÈTE.

Je ferai... je ferai une satyre contre les usuriers. (*il sort en colère.*)

SCENE X.

GILLE, *seul.*

Une satyre! ah! c'est une arme qui ne tue personne, surtout depuis qu'on la manie si mal.

Air : *La fanfare de St.-Cloud.*

Tous ces froids auteurs qui lancent,
Sans mordre, des traits mordants,
Font de méchans vers, et pensent
Avoir fait des vers méchans :
Leurs bons mots ne font pas rire,
Leur sel n'a rien de piquant;
Ils ne font dans leur satyre
Que celle de leur talent.

Arlequin s'absente bien long-tems... Que peut-il être allé faire avec monsieur Cassandre et sa fille.... Tout cela commence à me tourmenter. Ah! s'il rentre, je le retiendrai sous divers prétextes jusqu'à la décision du beau-père. (*il se met à écrire.*)

D

SCÈNE XIII.

GILLE, ARLEQUIN, *entre dans sa chambre.*

ARLEQUIN.

Rien, absolument rien. J'ai été chez plus de dix personnes, et par tout j'ai essuyé des refus ou des défaites pires encore. Ce pauvre M. Cassandre à qui on a promis de l'argent, mais pour demain, va venir croyant recevoir de moi les dix-huit cents francs... Quoi! je verrais ma Colombine mariée à mon rival! D'ici à demain, Gille peut déterminer Cassandre à lui donner sa fille, et d'ailleurs, les personnes qui lui ont promis sa somme, lui tiendront-elles parole? Oui, dans cet instant, je donnerais la moitié de mon existence pour dix-huit cents francs.

GILLE.

Ah! vous voilà, M. Arlequin. (*à part.*) Arrangeons-nous pour qu'il ne puisse plus sortir.

ARLEQUIN.

Je ne vous voyais pas, M. Gille.

GILLE.

Vous êtes resté long-tems dehors.

ARLEQUIN.

Et bien inutilement.

GILLE.

Que voulez-vous dire?

ARLEQUIN.

Rien, rien. A qui diable allais-je me confier?

GILLE.

Vous ne comptez plus sortir aujourd'hui?

ARLEQUIN.

Au contraire, je vais partir.

GILLE, *à part.*

Ce n'est pas là mon compte. (*haut.*) Vous devriez rester.

ARLEQUIN.

J'ai affaire...

GILLE.

Vous avez peut-être un rendez-vous avec monsieur Cassandre et sa fille?...

ARLEQUIN.

Mais, cela serait possible.

GILLE, *à part.*

C'est sûr. (*haut.*) Sans doute vous n'y manquerez pas ?

ARLEQUIN.

Je vous laisse à juger. (*à part.*) Où donc en veut-il venir.

GILLE, *avec emphase.*

J'imagine bien que rien au monde ne pourrait vous retenir....

ARLEQUIN, *à part.*

Quel singulier ton !

GILLE.

Mais ce n'est pas si pressé, sans doute; vous pourriez déménager auparavant. (*à part.*) Gagnons du tems.

ARLEQUIN.

Vous paraissez tenir beaucoup à ce que je manque à mon rendez-vous.

GILLE, *embarrassé.*

Oh ! pas du tout.

ARLEQUIN.

Vous craignez ma présence auprès de Colombine...

GILLE.

Non, je vous jure, j'ai la parole du père, et ce soir...

ARLEQUIN, *à part.*

Ce soir, voilà le fin mot. (*haut.*) Adieu donc monsieur Gille.

GILLE, *entre dans la chambre d'Arlequin.*

Arrêtez un instant : (*à part.*) s'il sort tout est perdu.

ARLEQUIN.

Que je m'arrête, quand l'amour m'appelle ; il n'y aurait qu'une seule chose au monde qui pût me faire manquer au rendez-vous.

GILLE, *vivement.*

Quelle est-elle ?

ARLEQUIN.

Voir Colombine est un grand besoin pour moi ; mais j'en ai peut-être un plus grand encore de me procurer de l'argent.

GILLE, *à part.*

Prenons la balle au bond.

ARLEQUIN, *à part.*

Donnera-t-il dans le piège.

GILLE.

Quoi ! M. Arlequin, vous dites...

ARLEQUIN.

Je ne dis rien...

GILLE.

Que pour une somme vous consentiriez à ne pas sortir !

ARLEQUIN.

Je n'ai pas parlé de ça. (*à part.*) Il s'enfère.

GILLE.

Vous l'avez dit, et si vous vouliez, je serais homme...

ARLEQUIN.

A quoi faire ?

GILLE.

A vous rendre service.

ARLEQUIN, *vivement.*

Quoi ! vraiment, vous me prêteriez dix-huit cents francs sous la condition de ne pas sortir ce soir ?

GILLE.

Dix-huit cents francs ! je n'ai pas parlé de ça, moi.

ARLEQUIN, *à part.*

Quelle imprudence !

GILLE.

Je ne dis pas que si vous pouviez me donner un gage bon et solide, le désir de vous obliger, de vous être utile...

ARLEQUIN.

Eh ! morbleu, quel gage voulez-vous que je vous donne ? tout ce que je possède est dans vos armoires.

GILLE, *repasse dans sa chambre.*

N'en parlons plus...

ARLEQUIN, *à part.*

Que faire !... L'amour m'inspire... Oui... Dailleurs, monsieur Cassandre recevra demain de l'argent, et une mauvaise nuit est bientôt passée.

GILLE, *à part.*

Dix-huit cents francs ! diable ! mais c'est qu'il faut y regarder à deux fois.

EN GAGE.

ARLEQUIN, *entre dans la chambre de Gille.*

Vous voulez absolûment un gage...

GILLE.

C'est la règle.

ARLEQUIN.

Croyez-vous que je vaille dix-huit cents francs ?

GILLE.

Vous ?

ARLEQUIN.

Moi-même.

GILLE.

Quelle idée !

ARLEQUIN.

Elle est toute simple... Prêtez-moi, sur ma personne, dix-huit cents francs jusqu'à demain.

GILLE.

Le tour est neuf. (*à part.*) Mais, que risquais-je, moi?..

ARLEQUIN.

Consentez-vous ?

GILLE.

Dame, voyez-vous, je n'ai jamais prêté sur des arlequins; je ne sais pas ce que peut valoir un pareil effet.

ARLEQUIN.

C'est selon ; il y en a de bons et de mauvais.

GILLE.

Tout le monde sait que vous n'êtes pas un mauvais Arlequin. (*à part.*) Son habit est encore tout neuf, et puis s'il ne veut pas mourir de faim en gage, il faudra bien qu'il se fasse retirer. (*haut.*) Ah ça, faisons bien nos conditions ; je vais vous prêter dix-huit cents francs.

ARLEQUIN.

Oui.

GILLE.

Vous resterez en gage chez moi, pour la sûreté de cette somme...

ARLEQUIN.

Oui.

GILLE.

Vous consentez à être enfermé sous clef,... dans cette armoire qui précisément est vuide.

ARLEQUIN.

Oui.

GILLE.

Vous vous ferez retirer de gage dans la journée de demain....

ARLEQUIN.

Oui.

GILLE.

Et si vous n'êtes pas retiré au terme fixé...

ARLEQUIN.

Vous me ferez vendre, n'est-ce pas ?

GILLE.

Non, mais vous renoncerez à vos prétentions sur Colombine.

ARLEQUIN.

Sur Colombine ! (*à part.*) Une fois que Gille sera payé, mon mariage n'éprouvera plus d'obstacles (*haut.*) Soit, j'y consens.

GILLE.

C'est une affaire conclue.

ARLEQUIN.

Vous me promettez de faire remettre de suite les dix-huit cents francs, pour lesquels je me mets en gage, à la personne que je vous dirai, quelle qu'elle puisse être.

GILLE.

Je vous le promets.

ARLEQUIN.

Allons, n'ayant plus rien à mettre en gage, je finis par m'y mettre moi-même.

GILLE, *va à son bureau.*

Je vais vous compter votre somme et vous enfermer. J'ai précisément là soixante-quinze louis.

ARLEQUIN, *à part.*

Je ne me fie pas trop à Gille ; si je pouvais du moins remettre moi-même cet argent à monsieur Cassandre. (*appercevant Cassandre.*) Justement le voici. (*il lui fait signe de rester là.*)

GILLE, *ouvrant l'armoire.*

Voilà votre argent, l'armoire vous tend les bras.

ARLEQUIN.
Quel embarras!...
GILLE.
Je tiens ma parole, tenez la vôtre.
ARLEQUIN.
Quand on reçoit un effet en gage, on en donne une reconnaissance ; c'est bien le moins que vous me donniez une reconnaissance de moi-même.
GILLE.
C'est juste, je vais vous la faire.

SCENE XIV.
LES PRÉCÉDENS, CASSANDRE.

CASSANDRE, *entrant avec mystère.*
Eh bien ?
ARLEQUIN.
Prenez vite cet argent.
GILLE, *écrivant.*
Que parlez-vous d'argent ?
ARLEQUIN.
Je dis qu'il y a bien le compte de l'argent.
CASSANDRE.
Explique-moi ?...
ARLEQUIN.
Prenez, vous dis-je, et sur-tout ne manquez pas de venir demain, dès que vous aurez reçu votre somme ; vous direz à Gille que vous venez me retirer.
CASSANDRE.
Te retirer ! que signifie...
ARLEQUIN.
Oui, me retirer, n'y manquez pas au moins, il y va de ma liberté.
CASSANDRE.
Le diable m'emporte si j'y conçois rien.   (*il sort.*)

SCENE XV.
ARLEQUIN, GILLE.

GILLE.

Voyez si cette reconnaissance est bien conçue ; comme vous êtes un ami, je ne prends que cent francs d'intérêt.

ARLEQUIN.

Le juif.

Air : *de Catinat.*

Prêté dix-neuf cent francs à monsieur Arlequin,
Sur un effet, lequel est monsieur Arlequin ;
Arlequin doit demain retirer Arlequin,
En remboursant l'argent que reçut Arlequin.

Signez, *Gille.*

Ce, etc. Voilà une reconnaissance dans toutes les formes.

GILLE.

Et d'un joli style ! Ah ça, à qui voulez-vous que je fasse remettre votre somme ?

ARLEQUIN.

La somme est déjà arrivée à sa destination.

GILLE, *à part.*

Que diable fera-t-il de cet argent dans l'armoire ? (*il la lui montre,*) (*haut.*) Vous êtes le maître, quand vous voudrez.

ARLEQUIN.

C'est donc là mon appartement ? Un joli petit logement de garçon.

GILLE, *fermant l'armoire.*

Vous pourrez respirer librement, l'armoire est à jour par en haut.

SCENE XVI.
GILLE, *seul.*

Enfin, voilà l'oiseau en cage ; rien ne s'oppose plus maintenant au succès de mon amour ; ce soir, mademoiselle Colombine sera madame Gille.

EN GAGE.
Air *De Pauline.*

Pour mieux assurer ma victoire,
J'ai presqu'acheté mon rival ;
Mais, franchement, je ne puis croire
Qu'un tel acte soit bien légal.
On pourrait m'accuser, je pense,
De trahir les plus saints devoirs,
Car sans crime on ne peut en France,
Faire le commerce des noirs.

Mais voici M. Cassandre, il arrive fort à propos.

SCENE XVII.
GILLE, CASSANDRE.

CASSANDRE.

Je viens, M. Gille, vous proposer un arrangement définitif au sujet de mon billet échu.

GILLE.

Vous savez bien, monsieur Cassandre, que je vous en ai offert un charmant.

CASSANDRE.

Je viens vous parler d'un autre.

GILLE.

Je ne veux consentir qu'au mien.

CASSANDRE.

Vous ne pouvez refuser celui que je vous propose.

GILLE.

Je n'y consentirai point.

CASSANDRE.

Je viens vous payer.

GILLE.

Me payer !...

CASSANDRE.

Eh oui, vous payer ; cela vous étonne qu'on paye ses dettes. ?

GILLE.

Comment avez-vous pu...

CASSANDRE.

Que vous importe, voilà vos dix-huit cents francs.

E

GILLE.

Que vois-je ! c'est le même argent que j'ai donné à Arlequin.

CASSANDRE.

Il doit y avoir soixante-quinze louis.

GILLE.

Comment a-t-il pu les lui faire tenir ; je suis pris au trébuchet.

CASSANDRE.

Oui, oui, vous pouvez les faire passer au trébuchet, ils sont de poids ; c'est comme si vous les aviez pesés vous-même.

GILLE.

On dirait qu'il se moque de moi.

CASSANDRE.

Vous allez me remettre mon billet.

GILLE, *lui donnant un billet.*

Le voici ; j'espère, M. Cassandre, que cela ne changera rien à mon mariage avec votre fille.

CASSANDRE.

Je vous ai promis une réponse, la voici.

Air : *Une fille est un oiseau.*

Franchement votre métier
Ne convient pas à ma fille,
A regret dans ma famille
Je verrais un usurier ;
Toujours des prêteurs sur gage,
Le mépris est le partage.

GILLE.

Laissez là ce verbiage,
Mon cher, souvenez-vous bien,
Qu'un homme prudent et sage
A dit que prêter sur gage
Vaut mieux que prêter sur rien.

CASSANDRE.

D'ailleurs, Colombine aime Arlequin, et moi je l'estime.

GILLE.

Vous avez bien tort tous les deux de vous intéresser à lui, si vous saviez comme il parle d'elle et de vous, le coquin.

EN GAGE.   35

ARLEQUIN, *dans l'armoire.*

Le coquin !

GILLE.

Il m'a avoué que quand il lui dit qu'il l'aime il ment.

ARLEQUIN.

Il ment !

CASSANDRE.

Qu'est-ce que cela ? c'est la voix d'Arlequin.

GILLE.

Bah ! ce n'est rien.

CASSANDRE.

Comment, rien.

Air : *Des fraises.*

Parbleu j'ai bien entendu.

GILLE.

C'est un écho, je gage.

CASSANDRE.

Son organe m'est connu,
Arlequin, ou donc est-tu ?

ARLEQUIN.

En gage, en gage, en gage.

GILLE.

Vous trahissez nos conditions.

ARLEQUIN.

J'ai promis de rester prisonnier, mais non pas d'être muet.

CASSANDRE.

Qu'est-ce que cela signifie...

ARLEQUIN.

Que n'ayant rien à vendre ni à engager pour vous procurer dix-huit cents francs, je me suis mis moi-même en gage chez M. Gille, qui vous a ainsi fourni les moyens de vous acquitter envers lui.

GILLE, *à part.*

Oui, j'ai fourni des verges pour me fouetter.

CASSANDRE.

Mais tu dois étouffer.

ARLEQUIN.

De colère contre Gille qui me calomnie auprès de vous.

CASSANDRE.

Comment, les dix-huit cents francs que j'ai reçus de toi étaient le prix de ta liberté !

GILLE, à part.

C'est donc le diable qui s'est chargé de les lui porter.

CASSANDRE.

Je ne veux ni ne dois profiter de ton dévouement. Tenez, M. Gille, voilà mon billet, gardez les dix-huit cents francs, et rendez-lui la liberté.

GILLE.

Ces dix-huit cents francs sont le montant de ce billet, je les garde, et nous sommes quittes ; quand à M. Arlequin, je ne puis le rendre libre que si vous consentez à me donner Colombine.

ARLEQUIN.

Non, M. Cassandre, ne consentez pas.

CASSANDRE.

Mais, que faire ?

ARLEQUIN.

Vous devez recevoir de l'argent demain, eh bien, vous viendrez me retirer.

CASSANDRE.

Je suis sûr que mon frère me comptera demain dix-huit cents francs ; mais te laisser là jusqu'à demain.

ARLEQUIN.

Mais qu'est-ce que ça vous fait, si je m'y trouve bien.

CASSANDRE.

Air : *Quand il trace avec énergie.*

Ah ! combien j'ai l'ame chagrine
De te voir ici prisonnier.

ARLEQUIN.

Mon hymen avec Colombine
Peut-il jamais se trop payer ?

CASSANDRE.

Toute la nuit mal à ton aise.

ARLEQUIN.

Je me trouve bien où je suis,
Puisque par une nuit mauvaise,
J'achète tant de douce nuits.

CASSANDRE.

Je n'entends pas tout ça ; la conduite de monsieur Gille

est très-illégale ; prêter sur un homme, mais c'est une infamie, et je vais de ce pas...

GILLE, *à part.*

Ça prend une mauvaise tournure.

ARLEQUIN.

Arrêtez, monsieur Cassandre, j'ai reçu de l'argent de monsieur Gille, j'ai consenti à tout, sortir d'ici sans le payer serait un vol.

GILLE, *à part.*

Ce garçon-là a du bon.

SCENE XVIII ET DERNIERE.

Les précédens, COLOMBINE, *dans la coulisse.*

COLOMBINE.

Mon père ! mon père !

CASSANDRE.

C'est Colombine, que me veux-tu ?

COLOMBINE.

Bonne nouvelle ! A peine étiez vous sorti de chez vous que votre frère vous a apporté les dix-huit cents francs qu'il n'avait promis que pour demain.

CASSANDRE.

Quel bonheur.

GILLE, *à part.*

Adieu tous mes projets.

ARLEQUIN.

Vivat ! je ne coucherai pas dans l'armoire.

COLOMBINE.

Que fait donc là Arlequin ?

CASSANDRE.

Ah ! ma fille, ce brave garçon, pour me secourir, s'était mis lui-même en gage ; ta main sera sa récompense.

COLOMBINE.

Mon cher Arlequin, que je suis glorieuse de mon choix.

GILLE, *avec un attendrissement ridicule.*

Il est vrai que l'action de M. Arlequin est superbe.... Je commence à être tout ému... Voilà la seconde fois que je m'apperçois que j'ai un cœur.

CASSANDRE.

Miracle !.... un usurier qui s'attendrit. Tenez, M. Gille, voilà dix-huit cents francs, délivrez Arlequin.

ARLEQUIN.

Tenez, papa Cassandre, voilà ma reconnaissance. (*il lui jette.*) Mais il y a encore une petite difficulté, c'est que je dois cent francs de plus pour les intérêts d'un quart-d'heure.

CASSANDRE.

Diable !

GILLE, *avec emphase.*

Croyez-vous, monsieur Arlequin, être seul capable d'une belle action ; je veux aussi me distinguer ; je renonce au cent francs d'intérêt, je prends cet argent, et soyez libre. (*Il prend l'argent d'une main et ouvre l'armoire de l'autre.*)

ARLEQUIN.

Ma chère petite femme !

CASSANDRE.

M. Gille, ce trait est magnifique...

GILLE.

Et pas cher !

ARLEQUIN.

Allons, monsieur Gille, pendant que vous êtes en train, une conversion complète... essayez d'être honnête homme.

GILLE.

On tient à ses habitudes, voyez-vous ; mais, pour vous prouver que j'ai de grandes dispositions à devenir généreux, je permets à monsieur Arlequin de choisir pour le jour de ses noces un habit parmi tous ceux qu'il a en gage chez moi.

ARLEQUIN.

Mais c'est superbe.

GILLE.

A condition qu'il m'en payera le louage, et me le rendra le lendemain.

CASSANDRE.

Voilà un homme bien converti.

EN GAGE.
VAUDEVILLE.

COLOMBINE.

Air : *De la contredanse d'Alexis.*

Arlequin en gage pour nous,
M'offre un touchant modèle ;
A cet amant fidèle
Je dois le retour le plus doux.
Le mariage qui nous engage,
Le mariage qui tous deux nous engage,
M'offre le moyen en ce jour,
De me mettre en gage à mon tour ;
Je veux, je veux avoir aussi mon tour ;
Oui chez lui sans partage,
Je mets mon cœur en gage,
Je mets mon cœur (*bis.*) en gage.

GILLE.

Si j'exerce un métier honteux,
Le gain m'en dédommage ;
Mais contre notre usage,
Arlequin m'a vu généreux,
Sans autre gage que son visage,
Sans autre gage, sur votre seul visage.
Je vous prêtai dix-huit cents francs,
Croyez, mon cher, que bien des gens,
Croyez, mon cher, croyez que bien des gens,
N'auraient pas tant, je gage,
S'il se mettaient en gage,
S'il se mettaient *(bis.)* en gage.

ARLEQUIN, *au public.*

A ses juges, quand un auteur
Ose offrir un ouvrage,
D'obtenir leur suffrage,
Son cœur nourrit l'espoir flatteur ;
Toujours à plaire l'auteur s'engage,
Toujours à plaire l'auteur, l'auteur s'engage.
Ce n'est rien que de s'engager,
Vous seuls, vous seuls pouvez le dégager ;
Vous seuls pouvez le dégager,
N'allez pas de l'ouvrage,
Laisser l'auteur en gage,
Laisser l'auteur *(bis.)* en gage.

FIN.